Fiabe
da raccontare

Testo
a cura di Daniela Padoan

Illustrazioni di
U.Fontana *per* *Biancarosa e Rosella*
C. Solarino *per* *Il principe rospo*
P. Richardson *per* *Il piccolo Sambo*
S. Frigerio *per* *Gli occhiali del leone*
F. Spaliviero *per* *Il pianoforte che è caduto in mare*
S. Baraldi *per* *Il guanto*

Copertina
Donatella Cena

Finito di stampare
nel mese di Aprile 1996
presso New Interlitho
Viale delle Industrie 2
Caleppio di Settala (MI)

Fiabe
da raccontare

GULLIVER

indice

Biancarosa e Rosella

C'era una volta una buona vedova che viveva con le sue due figlie ai margini del bosco. Davanti alla loro casetta fiorivano due cespugli di rose bianche e rosse, così la donna aveva deciso di chiamare le bambine una Biancarosa e l'altra Rosella. Il colore delle rose rispecchiava un po' il loro carattere: Biancarosa era timida e dolce mentre Rosella era più esuberante.

Nonostante questo le due ragazze si volevano molto bene e non si separavano mai l'una dall'altra.

D'estate andavano insieme nel bosco a cercare more e funghi da portare alla mamma mentre d'inverno restavano a filare la lana davanti al camino.

Una sera, mentre fuori era tutto coperto di neve, la mamma si sedette vicino al fuoco e cominciò a leggere una fiaba, quando si udì bussare alla porta.

— Su Rosella, va' ad aprire — disse la mamma. — Forse è un viandante che cerca riparo per la notte.

Appena tolto il catenaccio, però, un enorme orso spinse l'uscio ed entrò nella stanza.

Nonostante questo le due ragazze si volevano molto bene e non si separavano mai l'una dall'altra.

D'estate andavano insieme nel bosco a cercare more e funghi da portare alla mamma mentre d'inverno restavano a filare la lana davanti al camino.

Una sera, mentre fuori era tutto coperto di neve, la mamma si sedette vicino al fuoco e cominciò a leggere una fiaba, quando si udì bussare alla porta.

— Su Rosella, va' ad aprire — disse la mamma. — Forse è un viandante che cerca riparo per la notte.

Appena tolto il catenaccio, però, un enorme orso spinse l'uscio ed entrò nella stanza.

Alla vista di quel bestione Rosella urlò per lo spavento e corse a nascondersi dietro alla porta, mentre Biancarosa si rifugiò sotto al letto della mamma.

L'orso, visto tutto quello scompiglio, fece un passo indietro e disse:

— Scusate, non volevo spaventarvi. Ho visto quel bel fuoco dalla finestra e ho pensato di chiedervi riparo. La mia tana è stata ostruita da una valanga e non ho dove passare la notte.

A quelle parole la mamma, che era rimasta ferma accanto al camino, si alzò e lo invitò ad entrare.

— Povero orso, chissà che freddo devi aver patito là fuori — esclamò. — Vieni pure a sdraiarti qui accanto al fuoco. Però non avvicinarti troppo o rischierai di bruciare la tua bella pelliccia.

Biancarosa e Rosella spiavano incuriosite quella scena senza avere il coraggio di avvicinarsi.

— Avanti fifone! — rise la mamma — questo buon orsone non farebbe del male a nessuno. È vero, orso?

Il bestione chinò ripetutamente il capo, mugolando.

Biancarosa esitava ma Rosella le fece coraggio:

— Se la mamma ha deciso di accoglierlo in casa — disse — significa che non abbiamo nulla da temere.

— Oh, poverino! — esclamò Biancarosa, avvicinandosi. — È tutto coperto di neve! Su Rosella, andiamo a prendere la scopa e diamogli una bella spazzolata.

La mamma intanto gli aveva preparato una tazza di latte caldo col miele, e persino il gatto cominciava a fargli le fusa. Quella sì che era una pacchia!
Quando fu ben asciutto l'orso si stiracchiò e cominciò a ronfare di gioia come un gattone.

Quando fu l'ora di coricarsi la mamma gli disse:

— Resta pure qui accanto al fuoco, non voglio metterti fuori di casa con un tempaccio simile.

— Buonanotte orso! — lo salutarono in coro le due ragazze.

— Buonanotte a voi — rispose l'orso — e grazie di cuore.

Da allora l'orso tornò ogni sera e divenne l'amico più caro di Biancarosa e Rosella. Le due sorelline si divertivano un mondo a giocare con lui e gli facevano mille piccoli dispettucci.

Intanto il tempo passava e la primavera era alle porte.

I prati si coprivano di fiori e tutto sembrava più allegro. Solo l'orso diventava ogni giorno più taciturno, finché un giorno disse:

— Care bambine, mi dispiace ma è arrivato il momento di lasciarvi. Dovrò star via per molto tempo!

— Quanto? — chiesero in coro Biancarosa e Rosella.

— Fino alla fine dell'estate. Devo andare nel bosco a difendere i miei tesori da certi nani malvagi che non fanno altro che derubarmi.

— Conterò i giorni fino al tuo ritorno! — esclamò Biancarosa, trattenendo a stento le lacrime.

La bambina lo accompagnò al cancelletto per dargli l'ultimo addio e, quando l'orso passò con la sua grossa mole, vi lasciò impigliato un pezzo di pelle.

A Biancarosa parve che sotto la ferita trasparisse dell'oro e corse subito a raccontarlo alla mamma.

— Ti sarai sbagliata — rispose la donna — forse è stato un riflesso del sole sulle sbarre del cancello.

Passarono i giorni e giunse anche l'estate.

Un giorno Biancarosa e Rosella decisero di andare nel bosco a raccogliere fragole. Arrivarono in una radura e, passando accanto ad un tronco abbattuto, videro un animaletto che saltellava qua e là.

Si avvicinarono e, con grande stupore, si accorsero che si trattava di un nano che era rimasto impigliato con la barba in una fessura del tronco.

— Invece di stare lì a guardarmi come due oche spicciatevi a darmi una mano! — gridò il nano.

— Subito! — accorse Rosella. — Cosa ti è successo?

— Sciocca ficcanaso! — riprese lui — Non vedi che mentre spaccavo un po' di legna il cuneo mi è scivolato dalle mani e che questa dannata fessura si è richiusa di colpo imprigionandomi la barba?

Le due ragazze si misero subito all'opera ma la barba era incastrata troppo tenacemente.

— Andiamo a chiamare qualcuno — propose Rosella.

— Bella trovata! — sbraitò il nano, agitandosi ancora di più — Siete già troppe voi due e volete chiamare altri zoticoni a far confusione? Ma che cosa avete nel cervello?

— Non ti arrabbiare — disse allora Biancarosa — mi è venuta in mente un'altra idea per liberarti.

Prese da una tasca del grembiule un paio di forbicine e gli tagliò una ciocca di barba.

— La mia barba! — urlò il nano, paonazzo in volto per la rabbia. — Brutta stupida, come hai osato fare una cosa del genere? Che il diavolo ti porti!

Detto questo come tutto ringraziamento, il nano corse alle radici dell'albero, si caricò sulle spalle un sacco colmo di anelli e di bracciali e se la diede a gambe.

Alcuni giorni dopo le due bambine decisero di andare a pescare qualche pesce per la cena. Arrivate al ruscello videro una specie di grossa cavalletta saltellare come impazzita vicino all'acqua. Si avvicinarono e riconobbero il solito nano.

— Che fai nanetto? Vuoi tuffarti in acqua?

— Mi avete preso per scemo? — gridò lui. — Non vedete che la barba mi si è impigliata alla lenza?

— Le solite buone maniere! — borbottò Rosella. — Mi verrebbe voglia di non muovere un dito per lui.

In quel momento un grosso pesce abboccò all'amo e si sarebbe mangiato il nano in un solo boccone se le due sorelle non lo avessero afferrato in tempo.

Anziché ringraziare, il nano cominciò ad urlare:

— E adesso cosa aspettate a liberarmi, balorde che non siete altro!

Le due sorelle si diedero un gran da fare ma la barba era troppo aggrovigliata alla lenza.

— Non resta che tagliare una ciocca di questa benedetta barba — decise Biancarosa e, con un colpo di forbici, liberò il nanetto.

— Brutte oche! E adesso come farò a tornare a casa? Con questa barba mi prenderanno tutti in giro!

Mentre le ragazze lo guardavano a bocca aperta, il nano prese un sacco di perle che aveva nascosto tra le canne e se ne andò senza altro saluto.

Poco tempo dopo la mamma mandò Biancarosa e Rosella a comprare aghi, nastri e bottoni al paese.

Le bambine si misero in cammino di buon'ora e strada facendo si imbatterono in un'enorme aquila che, dopo aver descritto larghi giri sulle loro teste, piombò dietro ad una roccia poco distante.

— Aiuto, aiuto! — si udì la voce spaventata del solito nanetto. — Qualcuno mi salvi!

Le ragazze, dimenticando l'ingratitudine del nano, si affrettarono a correre nella direzione dalla quale provenivano quegli strilli.

L'aquila lo aveva già afferrato con gli artigli e se lo stava portando via. Il povero nano era così impaurito che non riusciva nemmeno a urlare: si limitava a roteare gli occhi in cerca di aiuto.

— Svelta Biancarosa, afferralo per un piede! — gridò Rosella — io lo tiro per quell'altro.

L'aquila non voleva saperne di mollare la presa e per le due ragazze fu davvero una gran fatica liberare il nano bisbetico.

— Adesso ne sentiremo delle belle! — rise Rosella.

Infatti il nano, ancora mezzo tramortito, cominciò a gridare a squarciagola:

— Screanzate! C'era bisogno di strapazzarmi così? Guardate come mi avete ridotto il giubbetto!

— Avremmo dovuto lasciarti divorare dall'aquila con tutto il tuo giubbetto! — si arrabbiò Rosella.

Il nano digrignò i denti e, preso un sacco pieno di pietre preziose, scomparve in tutta fretta.

Le bambine gli voltarono le spalle e si incamminarono verso il villaggio.

Sbrigate le commissioni Biancarosa e Rosella si avviarono verso casa. Erano ormai a metà strada quando videro il nano che aveva sparso i suoi tesori sull'erba e li rimirava alla dorata luce del tramonto.

— Brutte spione! — le apostrofò, appena si fu accorto della loro presenza. — Girate al largo!

In quel momento si udì lo spaventoso grugnito di un orso. Il nano fece per scappare ma capì che era troppo tardi e cominciò a supplicare:

— Signor orso, non mi uccida! Prenda piuttosto queste due belle bambine grassottelle.

L'orso anziché ascoltarlo gli diede una zampata tale da lasciarlo a terra stecchito.

Le bambine, col cuore in gola per lo spavento, presero a correre a più non posso. In quel momento però l'orso iniziò a gridare:

— Biancarosa, Rosella! Aspettatemi, sono io, il vostro amico orso!

Le bambine si voltarono, ammutolite per la sorpresa, e assistettero ad uno spettacolo prodigioso: l'orso aveva perso la pelle e si era trasformato in un bellissimo giovane interamente vestito d'oro.

— Non stupitevi — sorrise il giovane — sono il principe Bruno. Questo nano malvagio mi ha trasformato in orso per potermi derubare. Il sortilegio sarebbe svanito solo con la sua morte.

Di lì a poco il principe sposò Biancarosa, mentre il fratello minore sposò Rosella. La mamma delle due ragazze andò a vivere a corte con loro ma volle portare con sé i due rosai, dove continuarono a sbocciare per sempre le rose più belle del reame: bianche sull'uno e rosse sull'altro.

Il principe rospo

Tanto tempo fa, in un paese lontano, viveva un re molto saggio e molto ricco.

I suoi terreni si estendevano fin dove l'occhio poteva arrivare e i suoi forzieri straripavano di ori e di gioielli ma il suo più grande tesoro era la sua amata figliola.

La principessa infatti era così incantevole che persino il sole restava folgorato dalla sua bellezza e al suo passaggio i fiori si schiudevano per poterla ammirare.

La bambina restava spesso sola a corte e a volte si annoiava terribilmente. Allora andava a fare lunghe passeggiate nel bosco intorno al castello e camminava fino a raggiungere uno stagno accanto al quale svettava un vecchio tiglio.

Quando era triste la principessina portava con sé una palla d'oro zecchino e si divertiva a lanciarla in alto, più in alto che poteva, per poterla poi riprendere al volo.

Accadde però un giorno che la palla le sfuggì di mano e cadde nello stagno.

La principessa tentò di riprenderla con un bastone ma l'acqua era così profonda che ben presto si rese conto che non sarebbe mai riuscita a ripescare il suo prezioso balocco.

— Povera me! — cominciò a piangere a dirotto — che farò senza la mia bella palla?

Nel vedere la principessa disperarsi a quel modo perfino ai pesci dello stagno e agli uccellini sui rami vennero le lacrime agli occhi.

La fanciulla stava ormai per riprendere la strada del castello quando udì una voce sgraziata:

— Ti senti male, principessa?

— Chi ha parlato? — trasalì, guardandosi intorno.

— Io — rispose un grosso rospo, saltando su una foglia di ninfea. — Sono venuto a vedere che ti succede: perfino una pietra avrebbe pietà dei tuoi lamenti!

— Piango perché la mia bella palla d'oro è caduta in fondo allo stagno!

Il rospo allora disse:

— Io posso aiutarti, ma che mi darai in cambio quando ti avrò riportato la palla?

— Qualunque cosa — promise la principessa. — Ti darò i miei abiti, i miei gioielli e anche la corona d'oro che porto sul capo.

A quelle parole il rospo scoppiò a ridere:

— Non voglio i tuoi abiti né i tuoi gioielli — disse — e della tua corona non saprei davvero che farmene. Tutto ciò che voglio è venire a corte con te e diventare il tuo compagno di giochi.

— Ma certo — rispose la principessa — te lo prometto. Ora però ripescami la palla!

— Potrò mangiare nel tuo piatto, bere nel tuo bicchiere e dormire nel tuo lettino? — incalzò ancora il rospo.

— Sicuro. E ora tuffati, svelto! — esclamò impaziente la principessa, e intanto pensava:

«Questo rospo è tanto insolente quanto è brutto! Il suo posto è qui allo stagno... certo gli si addice di più gracidare con gli altri ranocchi che vivere a corte accanto a una principessa!».

Ricevuta la promessa il rospo si tuffò nello stagno e poco dopo tornò a galla tutto raggiante.

— Ecco la tua palla — disse porgendogliela.

La principessa la prese battendo le mani per la gioia e corse via per il bosco.

Allora il rospo saltellò fuori dall'acqua e cercò di inseguirla ma con le sue zampette certo non poteva tenere il passo della fanciulla.

— Prendimi in braccio! — gridò. — Non ce la faccio a starti dietro!

— Come pretendi di diventare mio compagno di giochi se non sai neanche correre tanto da acciuffarmi? — gridò la principessa, ridendo di gusto.

— Me lo hai promesso, ti ricordi?

— Quando mi avrai raggiunta manterrò la promessa! — si voltò per l'ultima volta, prima di sparire tra il folto degli alberi.

Ben presto raggiunse il castello e si dimenticò del povero rospo.

Il giorno dopo, mentre la principessina era seduta a tavola con il re e i cortigiani e mangiava di gusto, si sentì uno strano rumore provenire dallo scalone di marmo.

— Che sarà mai? — chiese il re.

— Sembra che qualcuno stia bussando alla porta — rispose un cortigiano.

In quel momento si udì gridare:

— Principessina, aprimi la porta!

La fanciulla corse a vedere chi fosse e quando aprì la porta si trovò di fronte il rospo.

— Allora, hai forse dimenticato la tua promessa? — chiese il rospo.

La fanciulla gli chiuse la porta in faccia e corse a rifugiarsi dal padre.

— Che ti succede, figlia mia? — chiese il re. — Forse fuori c'è un gigante che vuole portarti via?

— No, non è un gigante! — rispose piangendo la fanciulla. — È un orribile rospo!

— Un rospo? — sorrise il padre. — E cosa vuole da te?

— Ieri ero andata nel bosco e giocavo vicino allo stagno — raccontò la figlia. — Ad un certo punto la palla mi è sfuggita di mano ed è caduta in acqua. Io piangevo e il rospo si è offerto di aiutarmi, a patto che io lo portassi a corte con me. Non avrei mai pensato che fosse davvero capace di uscire dallo stagno!

Ed ora eccolo qui che vuole entrare nella reggia. Ti prego papà, aiutami!

Intanto si sentì ancora bussare alla porta e si udì una voce:

— Aprimi principessa, ti prego!

Allora il re disse:

— Devi mantenere la promessa. Lascialo entrare.

La principessa aprì la porta e il rospo la seguì fino alla sua sedia.

— Fammi sedere accanto a te! — gracidò.
Il re comandò alla principessa di ubbidirgli.

Una volta seduto, il rospo saltò sulla tavola e ammirò le leccornie che erano state imbandite.

— Ora avvicinami il tuo piatto — disse.

— Se questa è la tua promessa non ti resta che ubbidirgli — la esortò il re.

— Ma ora vorrà anche bere dal mio bicchiere! — protestò la fanciulla.

— Avresti dovuto pensarci prima — sorrise il padre. — Una principessa mantiene sempre la parola data!

Il rospo era felice e soddisfatto e, quando fu sazio, disse:

— Da quanto tempo sognavo un pasto come questo! Ti ringrazio di cuore, mia giovane amica.

— Non c'è di che! — rispose sbuffando la principessa.

— Però adesso mi sento un po' stanco. Portami nella tua cameretta e fa' preparare il tuo lettino di seta, così potremo riposare.

La figlia del re cominciò a piangere.

— Non voglio che quel brutto rospo dorma con me — disse tra i singhiozzi — è freddo come il ghiaccio e poi mi fa tanta paura!

Il re allora si adirò e rispose:

— Non devi disprezzare chi ti ha aiutata quando eri nei guai. Avanti, portalo nella tua cameretta!

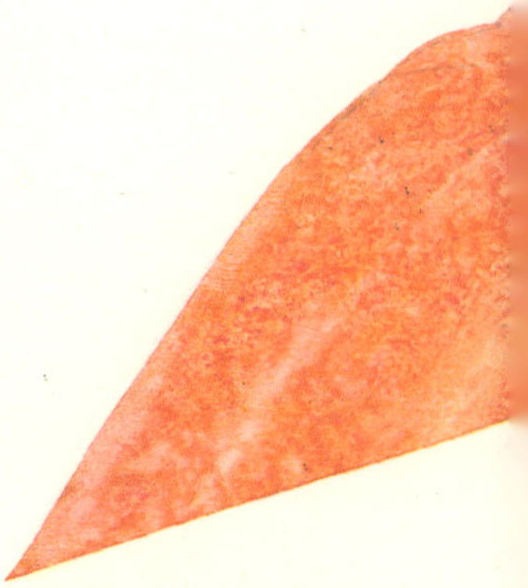

La principessa prese il rospo e con aria disgustata lo portò al piano superiore del palazzo.

— Ora te ne starai qui e smetterai di darmi fastidio — disse, lasciando il suo ospite in un angolo.

Ma, quando si fu coricata, il rospo raggiunse il letto con due balzi e dichiarò:

— Se non mi farai dormire accanto a te lo dirò a tuo padre!

A quelle parole la principessa si adirò talmente che lo afferrò e lo scaraventò contro il muro.

— Ecco, brutto rospo, ora te ne starai tranquillo per un po'!

In quell'istante accadde una cosa straordinaria: cadendo a terra il rospo si trasformò in uno splendido principe!

— Non posso credere ai miei occhi! — esclamò stupita la principessa. — Sto certamente sognando!

— No, non è un sogno... — sorrise il principe.

... Una maga cattiva mi aveva trasformato in rospo e solo una fanciulla più bella del sole avrebbe potuto rompere il sortilegio.

— Oh, scusami per averti trattato così male! — scoppiò a piangere la principessina.

— Ora è tutto passato — disse il giovane prendendola per mano. — Se anche tu lo desideri chiederò al re la tua mano e domani stesso ti condurrò nel mio regno.

All'alba del giorno successivo al palazzo del re giunse una carrozza trainata da otto splendidi destrieri bianchi come neve. Le loro teste erano ornate di candide piume di struzzo e le loro redini erano d'oro zecchino.

Il cocchiere, che era il fedele Enrico, servo del principe, come vide il suo padrone scoppiò in lacrime di gioia.

— Mio buon Enrico — esclamò il principe — cosa sono quelle bande di ferro che ti stringono il petto?

— Le porto dal giorno della tua scomparsa, perché il petto non mi scoppiasse dal dolore.

Il fedele Enrico aiutò il principe e la principessa a salire sulla carrozza e quindi andò a sedersi a cassetta.

Al primo schiocco di frusta i cavalli presero a correre come fulmini e in breve lasciarono indietro lo stagno dove lo sventurato principe aveva trascorso tanti giorni infelici.

Ad un certo punto del viaggio il principe sentì un cigolìo sospetto.

— Enrico, la carrozza si sta rompendo! — gridò.

— No padrone, non è la carrozza! — rispose il fedele Enrico — Sono le bande che si stanno aprendo.

Le ho tenute finché non ho saputo il mio padrone sano e salvo, e ora che ti vedo libero e felice con la tua sposa non ne ho più bisogno, perché il mio cuore canta di gioia!

Il piccolo Sambo

C'era una volta un ragazzino che si chiamava piccolo Sambo. Sua madre si chiamava Mumbo e suo padre Jambo.

— Vieni qui — gli disse un giorno la mamma — ho una sorpresa per te.

Sambo si avvicinò e quando vide che la donna gli porgeva un meraviglioso giacchino rosso fece un girotondo per la felicità.

— Non è tutto — disse la mamma — ti ho cucito anche questi graziosi pantaloncini blu.

Poi, visto che quel giorno era il suo compleanno, il padre andò al bazar del villaggio e gli comprò un bellissimo ombrello verde e un paio di ciabattine color porpora.

Il piccolo Sambo non stava più nella pelle per l'emozione. Ora sì che si sentiva un vero ometto!

Indossò il giubbetto e i pantaloni, infilò le ciabattine, prese l'ombrello e se ne andò tutto impettito a fare una passeggiata per la jungla.

Appena si fu inoltrato nella foresta incontrò un'enorme tigre che gli disse:

— Guarda guarda che bel pranzetto mi sono trovata! Cominciavo proprio a sentire un certo languorino allo stomaco!

Così dicendo inarcò la schiena e fece per saltargli addosso ma il piccolo Sambo la supplicò:

— Ti prego, non mi mangiare! In cambio io ti darò questa bella giacchetta rossa!

La tigre soppesò bene l'affare e poi disse:

— D'accordo! Ma bada bene a non farti trovare mai più sulla mia strada, se ci tieni alla pelle!

— Puoi starne certa! — rispose il piccolo Sambo, rabbrividendo per lo scampato pericolo.

Intanto la tigre, che era molto vanitosa, si era infilata il giubbetto e si rimirava compiaciuta.

— Mi sta davvero a pennello. Ora sono la tigre più importante di tutta la jungla — disse con un ruggito di soddisfazione.

Si voltò a lanciare un ultimo sguardo di sfida al ragazzino e sparì tra la vegetazione.

Il piccolo Sambo si allontanò di gran corsa ma poco lontano incontrò un'altra tigre che cominciò a ruggire minacciosamente.

— È giusto ora di fare uno spuntino — disse leccandosi i baffi — capiti davvero a proposito!

— Ti prego tigre, non mi mangiare — implorò il piccolo Sambo.

— E sia! Per questa volta ti risparmierò — concesse la tigre — ma in cambio tu mi darai quei bei pantaloncini blu, così sarò la tigre più elegante della jungla.

Naturalmente il piccolo Sambo si affrettò ad ubbidire e la tigre se ne andò soddisfatta col suo bottino.

Il piccolo Sambo decise di tornare verso casa ma cammin facendo si imbatté in un'altra tigre che gli prese le sue belle ciabattine fiammanti.

«Decisamente questo non è un giorno fortunato per passeggiare nella jungla» stava pensando, quando una quarta tigre gli si parò davanti.

Questa volta il piccolo Sambo non si spaventò nemmeno.

— Scommetto che per risparmiarmi la vita vorrai in cambio il mio ombrello, vero?

— Hai indovinato, piccolo Sambo — ruggì la tigre.

Il bestione attorcigliò la coda attorno al manico e se ne andò tutta impettita con l'ombrello.

Il piccolo Sambo rimase a mani vuote e scoppiò a piangere disperatamente: di tutti i bei regali che aveva ricevuto per il compleanno non era rimasto che il ricordo.

D'improvviso sentì dei ruggiti paurosi e vide che le tigri se le stavano dando di santa ragione perché ognuna credeva di essere la più importante della jungla. Si mordevano e si graffiavano a più non posso, finché ognuna si trovò con la coda dell'altra tra le fauci, formando un carosello attorno alla palma.

Il piccolo Sambo si accorse che le tigri nella foga del combattimento avevano abbandonato il loro bottino, così si affrettò a riprendere i suoi bei vestiti e corse a perdifiato verso la sua capanna.

Intanto le tigri non volevano saperne di abbandonare la presa e cercavano di sbranarsi l'un l'altra.

Correvano ad una velocità così vertiginosa che era impossibile persino distinguerne le forme.

Continuarono a girare in tondo finché il mondo intorno non si trasformò in un'enorme giostra e alla fine attorno alla palma non rimase che un gran cerchio di burro fuso.

Il piccolo Sambo intanto correva e correva, felice di aver sottratto alle perfide tigri i suoi bei regali di compleanno.

Tutti gli animali della foresta avevano cominciato i festeggiamenti e gli uccellini cantavano felici perché finalmente si poteva passeggiare tranquillamente nella jungla senza correre il rischio di essere divorati in un solo boccone.

Appena arrivato alla capanna il piccolo Sambo si fermò un istante a riprendere fiato e poi corse a chiamare il padre.

— Sapessi cosa mi è successo! — esclamò trafelato — Nella jungla ho incontrato quattro tigri che mi hanno derubato dei miei regali.

— Sei il solito bugiardo! — rise il padre lanciando un'occhiata eloquente ai vestiti.

— Ma è la verità! — protestò il piccolo Sambo — mi avevano rubato tutti i vestiti ma poi hanno cominciato a litigare tra di loro e io me li sono ripresi. Ora saranno ancora lì che girano in tondo attorno alla palma, sempre che nel frattempo non siano diventate di burro!

— Allora dobbiamo andare a vedere — disse il padre, prendendo un grosso vaso di ottone. — Corri figlio mio, se siamo fortunati questa sera la mamma ci potrà cucinare frittelle di tigre!

Il piccolo Sambo e suo padre corsero a perdifiato attraverso la jungla e riempirono l'intero vaso di burro di tigre.

Quando tornarono alla capanna la madre li accolse con un largo sorriso.

— Che meraviglia! — esclamò stropicciandosi le mani — Per il compleanno del mio piccolo Sambo cucinerò le più buone frittelle di tigre che si siano mai viste!

— Frittelle di tigre? — domandò il piccolo Sambo — Non ne ho mai mangiate. È un tuo nuovo piatto?

— Oh no, — rise la mamma — è un piatto vecchio come il mondo ma possono mangiarlo solo gli uomini coraggiosi, e per ogni frittella che mangiano il loro coraggio viene triplicato.

Senza aggiungere altro la donna si mise all'opera. Impastò la farina, il latte e le uova e alla fine preparò le frittelle friggendole nel burro di tigre fumante, poi chiamò il marito e il figlio e tutti e tre si sedettero a cenare.

La madre mangiò ventisei frittelle, il padre cinquantacinque e il piccolo Sambo, che voleva diventare coraggioso come la più coraggiosa delle tigri, ne mangiò addirittura centosessantanove!

Gli occhiali del leone

Nella foresta viveva un vecchio leone. Ultimamente la sua velocità era un po' calata ma i suoi denti erano ancora robusti e il suo olfatto infallibile, sicché continuava ad essere il re indiscusso della jungla. Da qualche giorno però tornava dalla caccia col muso lungo fino a terra perché si rendeva conto che la sua vista diventava sempre più debole, tanto da rendergli impossibile persino procacciarsi qualche buon bocconcino per il pranzo!

Così un giorno decise di confidarsi col suo segretario particolare, la tigre.

— Sono disperato — disse — ieri sono saltato addosso ad un ri-

noceronte credendolo un bufalo e l'altro ieri ho scambiato una roccia per una zebra!

La tigre in cuor suo quasi scoppiò di felicità ma davanti al leone cominciò a disperarsi.

— Da oggi — promise — sarò io a cacciare per te!

Il leone si commosse per la fedeltà della tigre ma entro due giorni si accorse che tutti gli animali della jungla conoscevano il suo segreto. Col cuore gonfio di

tristezza si incamminò lungo il fiume e destino volle che incontrasse un uomo che portava un paio di occhiali sulla punta del naso.

— Se mi darai i tuoi occhiali — gli disse il leone — non solo ti risparmierò la vita, ma ti prometterò la mia protezione.

L'uomo accettò e il re tornò baldanzoso alla sua tana.

Il leone diventava sempre più ardito e ogni giorno tornava dalla caccia con una preda appetitosa, acquistando così sempre maggior dignità.

Una mattina però il suo servitore, la scimmia dalla lunga coda, svegliandolo esclamò:

— Sire, dove sono i tuoi occhiali?

Il re si toccò sgomento il muso e, accorgendosi che erano spariti, promulgò un editto:

— Che tutti gli animali cerchino gli occhiali. Chi li troverà potrà chiedermi qualunque cosa in premio.

La tigre si confidò col leopardo.

— Se troverò gli occhiali del re — disse — gli chiederò di cedermi il suo posto.

Poi, sorridendo malignamente, aggiunse:

— Anzi, li nasconderò, così il vecchio leone sarà costretto a morire di fame.

Ma, a differenza della tigre, gli altri animali della jungla volevano bene al loro re e si misero di buona lena a cercare i preziosi occhiali.

L'elefante una sera, andando in città, arrivò al palazzo del tribunale. Dal portone stava uscendo un giudice che sulla punta del naso portava un bel paio di occhiali dalla montatura d'oro. Mentre tutti lo salutavano con grandi inchini l'elefante si avvicinò e gli rubò gli occhiali.

Il giudice cominciò a gridare e la gente si buttò all'inseguimento del pachiderma ma era troppo tardi: era già sparito nel folto della foresta.

Dopo una lunga corsa l'elefante giunse alla tana del re e si fece annunciare dalla scimmia dalla lunga coda.

Appena saputa la lieta notizia il leone si precipitò dall'elefante.

— È vero dunque? Hai ritrovato i miei occhiali?

L'elefante rispose con un barrito festoso ma, quando fu il momento di consegnare gli occhiali al re, non li trovò più.

— Li tenevo in bocca — disse tutto contrito rivolgendosi al leone — forse li ho inghiottiti durante la corsa!

Il leone cercò di nascondere la profonda delusione:

— Ti ringrazio lo stesso — disse — non dimenticherò la tua buona volontà.

Poco dopo si presentò alla tana del re un cammello che diceva di aver finalmente trovato gli occhiali.

Il leone sentì un tuffo al cuore per l'emozione, ma quando si avvicinò al cammello si rese conto che sulla gobba portava un oggetto che forse poteva anche assomigliare ad un enorme paio di occhiali ma che in realtà altro non era che una bicicletta!

— Mio buon cammello — disse — come potrei portare sul naso un paio di occhiali come questo? Comunque apprezzo lo stesso le tue buone intenzioni e non dimenticherò di compensartene.

Passarono due mesi dall'editto del leone. Molti animali portarono alla sua tana regale ogni genere di oggetti, ma degli occhiali nemmeno l'ombra!

Il leone si sentiva sempre più triste senza i suoi occhiali ma la scimmietta dalla lunga coda forse lo era ancor di più, perché il padre la picchiava ogni giorno con

la frusta per non aver legato bene gli occhiali alle orecchie del re.

Per colpa di tutte quelle frustate il sederino le era diventato rosso come il fuoco.

Un giorno però ebbe una geniale trovata: il letto del leone veniva rinnovato ogni settimana dal rinoceronte che col suo lungo corno buttava giù dalla scarpata le erbe secche... perché allora non provare a frugare tra le erbe ammucchiate laggiù?

Cerca, cerca, finalmente la scimmietta l'ebbe vinta!

Felice si precipitò dal re e gli porse gli occhiali.

— Figliolo, tu mi fai rinascere! — esclamò il leone. — Festeggeremo con una parata e tu avrai il posto d'onore accanto a me!

— Che cosa vuoi in premio? — chiese poi alla scimmia.

— Una criniera come la tua! — rispose d'un fiato.

— Ma quando io sarò morto chi spiegherà agli altri animali che tu sei una scimmia e non un leone?

— Non ti preoccupare, sire — rispose la scimmia — Mi si distinguerà dal sedere che, dopo le bastonate di mio padre, è tutto rosso e spelacchiato!

Il pianoforte che è caduto in mare

Un giorno mamma anguilla decise che il suo piccolo era ormai abbastanza cresciuto per cominciare a conoscere i segreti del mare e lo condusse al porto.

— Guarda tesoro — disse, indicando un pescatore — ora quell'uomo getterà in mare un filo al quale avrà attaccato un vermicello. Tu però non farti ingannare perché quell'appetitoso boccone nasconde un uncino.

— Che spavento! — rabbrividì il piccolo. Ma lo attendeva uno spavento ancora più grosso perché il mare cominciò a ribollire e sopra la loro testa apparve qualcosa che sembrava un'enorme balena rossa.

— Niente paura — sorrise mamma anguilla — è solo una nave a vapore che sta attraccando al porto.

Finite le manovre di ormeggio i marinai gettarono una passerella e cominciarono a scaricare.

«Chissà cosa conterranno quelle grandi casse?» stava per domandare la piccola anguilla, ma la voce le si smorzò in gola per lo spavento, perché proprio in quel momento una cassa cadde in mare e, con un gran tonfo, andò a incastrarsi tra gli scogli del fondo, emettendo strani rumori... quasi delle note musicali!

Inutile dire il dispiacere del proprietario della cassa, che era un ingegnere minerario. Andava avanti e indietro per la banchina e continuava a ripetere:

— Il mio pianoforte! E ora chi lo dirà a mia moglie? D'altra parte è caduto così in fondo che neanche vale la pena di ripescarlo, con quel che mi costerebbe farlo riparare!

Intanto mamma anguilla e il suo piccolo erano corsi a dare la voce a tutti i pesci dei dintorni.

— Che cos'è? — chiese perplessa una razza.

— Chissà... Forse uno specchio! — suggerì mamma anguilla, vedendosi riflessa nella superficie scura della cassa.

— No, no! — sentenziò un pescepalla — secondo me si tratta piuttosto di roba da mangiare!

Non fece in tempo a terminare la frase che un merluzzo lo spinse via con un colpo di pinna.

— Fate largo! Qui bisogna studiare la cosa a fondo!

E così dicendo si appoggiò al pedale del pianoforte, che emise un suono tanto potente da far scappare tutti i pesci col cuore in gola per l'agitazione.

Il mare cominciò a ingrossarsi e per tutta la notte il pianoforte emise suoni simili a lamenti. Il mattino successivo i pesci, più curiosi che mai, decisero di fare un'altra ispezione e rimasero sbalorditi: non solo la cassa si era gonfiata, ma aveva spalancato la bocca e metteva minacciosamente in mostra i denti!

— Guardate come vibra! — esclamò un cefalo. — Sembra debba schiantarsi da un momento all'altro!

— È vero, sta per rompersi! — gridò mamma anguilla — svelti, facciamoci indietro!

Appena in tempo! Il coperchio del pianoforte si staccò con uno schianto e scoprì un reticolo di corde.

— È un telaio! — esclamò un pesce rondine. — Ve lo dico io, che passo la vita a intessere il mio nido!

— Macché! È un setaccio! — sbuffò un pesce persico.

Che mistero! Finalmente un gruppo di pesciolini coraggiosi decise di inoltrarsi nella cassa e di fare una bella ispezione. Ogni tanto, sfiorando una corda con le pinne, producevano un suono. Dapprima la cosa li mise in allarme ma poi ci presero talmente gusto che non avrebbero più voluto uscire dalla cassa.

La notizia fece rapidamente il giro del mare circostante e il pianoforte divenne una grande attrazione, una specie di luna-park per pesci, tanto che, ad ogni ora del giorno e della notte, si poteva sentire una strana musica provenire dal fondo del mare.

Un giorno un bambino e una bambina si sedettero sulla banchina a guardare l'orizzonte.

— Non senti un rumore? — chiese il bambino.

— Sì! — esclamò la bambina — Sembrano delle note musicali... Chissà! Forse è una sirena che canta!

— Macché! Le sirene non esistono! — rise il bambino — lo dice anche il mio maestro!

— Il tuo maestro non capisce proprio niente!

I due bambini si alzarono ridendo e decisero di tornare a casa, perché stava per diventare buio.

Poco dopo giunse sul molo una coppia di innamorati. La ragazza si fermò a guardare le ultime luci del tramonto e sospirò:

— Com'è bello il mare a quest'ora!

— Sì, ma tu sei ancora più bella — rispose lui.

In quel momento si udirono delle note angeliche e i due ragazzi si strinsero forte l'uno all'altra.

— Di certo stanno pensando che questa musica provenga dai loro cuori innamorati — sorrise tra sé un pescatore poco lontano, che sapeva del pianoforte.

Un giorno un cuoco decise di fare un bel fritto di pesce e andò al molo a pescare. Appena gettata la lenza sentì qualcosa di pesante tendere il filo.

— Caspita, che pesce! — esclamò soddisfatto il cuoco.

Ma invece di un pesce aveva pescato la tastiera del pianoforte e, quando vide quella specie di dita scheletriche, si spaventò talmente che gettò in mare tutto quanto, canna da pesca compresa.

Ormai la stagione delle piogge si stava avvicinando e l'ingegnere minerario decise di approfittare di una delle ultime belle serate d'estate per portare la propria famiglia a fare un giro in barca.

I raggi della luna brillavano tra le onde e dal fondo del mare si levò un suono delicato.

— È il nostro vecchio pianoforte! — esclamò ridendo l'ingegnere.

— Il nostro pianoforte! — sorrise commossa la moglie — Sembra impossibile.

— Ti ricordi, mamma, quando mi prendevi sulle ginocchia e mi insegnavi a suonare? — chiese il figlio.

— Eccome se lo ricordo... Quanto tempo è passato!
— Sei diventata triste... — osservò l'ingegnere.
— Be'... mi dispiace per il nostro pianoforte.
— Potremmo sempre comprarne un altro.
— Non sarebbe la stessa cosa. È su quella tastiera che ingannavo la solitudine aspettando il tuo ritorno, prima ancora che nascesse nostro figlio... E adesso si trova in fondo al mare!
— La mamma è sempre stata così romantica, vero papà? — scherzò il ragazzo prendendo i remi.
— Oh, sì! Quando era più giovane era anche peggio.
— Insolenti! — rise la signora — Potete anche prendermi in giro, se volete, ma per me ogni oggetto ha una propria vita che lo anima.
— Allora non dovresti preoccuparti per il nostro pianoforte — sorrise il figlio — con tutti i pesci che ci sono laggiù non potrà certo sentirsi solo!

Ed era vero: il pianoforte non aveva mai suonato tanto come in quel periodo.

Ma arrivò l'autunno e in una notte di tempesta le onde del mare si abbatterono con tanta foga sul pianoforte che lo spinsero al largo, sempre più lontano.

Da allora non si sente più la musica sotto la banchina, ma chissà... forse in un punto lontanissimo dell'oceano il pianoforte ha trovato tanti altri pesci a cui tenere compagnia!

Il guanto

Un giorno d'inverno un vecchio si affacciò alla finestra di casa sua e vide che finalmente la neve aveva smesso di fioccare dal cielo.

— Che meraviglia! — esclamò rivolto al suo cane, che da tre giorni guaiva impaziente davanti alla porta — oggi ti porto a fare una bella passeggiata!

Il vecchio si vestì di tutto punto e si avviò verso il bosco, seguito dal cane scodinzolante.

Sì chinò a raccogliere un rametto per far giocare la bestiola e nel piegarsi un guanto gli scivolò a terra.

Poco tempo dopo passò da quelle parti un topolino tutto intirizzito dal freddo.

Quando vide quel bel guanto di pelo abbandonato tra la neve gli parve di sognare.

— D'ora in poi questa sarà la mia casetta — disse, sentendosi il topo più fortunato del mondo.

Appena si fu sistemato arrivò una rana.

— Chi abita qui? — chiese.

— Sono il topo goloso.

— Io sono la rana salterina — rispose la rana.

— Prego — disse allora il topo — accomodati pure.

Poco dopo arrivò un coniglio a gran velocità.

— Chi abita in questo guanto? — chiese.

— Siamo il topo goloso e la rana salterina — risposero.

— E io sono il coniglio veloce. Posso abitare qui con voi?

— Accomodati. Così saremo in tre a dividere il guanto.

Qualche minuto dopo si affacciò la volpe elegante e i tre la accolsero di buon grado nel guanto.

Arrivò quindi un lupo.

— Io sono il lupo grigio — si presentò — mi fate entrare?

Gli animali ebbero un momento di esitazione ma poi lo fecero accomodare.

Passò poco tempo che si avvicinò un cinghiale.

— Chi abita nel guanto? — chiese.

— Un topo, una rana, un coniglio, una volpe e un lupo — risposero — E tu chi sei?

— Sono il cinghiale con le zanne e voglio abitare anch'io nel guanto.

— D'accordo — risposero gli animali — ma sarà un bel problema entrarci tutti.

— Così ci terremo ancora più caldo — ribatté il cinghiale, facendosi largo.

Dopo un primo momento di scompiglio gli animali, che erano già diventati sei, decisero che in fondo non si stava poi così male stretti stretti com'erano.

Poco dopo si sentì in lontananza uno scricchiolìo di legna calpestata e si avvicinò un orso.

— Sono l'orso goffo — disse — voglio entrare anch'io nel guanto.

— Non si può, per carità! — esclamarono tutti in coro, ma l'orso insistette talmente che gli animali dovettero stringersi e fargli posto.

Non passò molto che il vecchio si accorse di aver perso il guanto e tornò indietro a cercarlo.

Fu proprio il cane a trovarlo e quando lo vide muoversi cominciò ad abbaiare furiosamente.

Impauriti, gli animali scapparono di gran corsa e il guanto rimase abbandonato a terra.

Anche il cane, nel vedere che dal guanto uscivano tanti animali, si era spaventato ed era scappato via senza raccoglierlo.

Il guanto si sentiva proprio abbandonato, ma la cosa peggiore era che si sentiva del tutto inutile.

Il suo compito era di tenere calde la mani del suo padrone, ma come era felice quando tutte quelle bestiole abitavano dentro di lui!

Povero guanto, era proprio disperato, quando sentì un rumore: era il topolino, più temerario degli altri, che si era affacciato dal nascondiglio, per vedere se il pericolo era passato; quando si accorse che nessuno aveva spostato quel bel guanto caldo si sentì ancora il più fortunato del mondo e riprese posto nella sua casetta.

Gli altri animali, che si erano nascosti lì vicino, quando videro il topolino infilarsi di nuovo dentro il guanto, non stettero a pensarci nemmeno un attimo e corsero insieme verso il guanto per riprendere il loro posticino caldo.

Finalmente il guanto si sentì felice, perché poteva proteggere dal freddo tanti animaletti e passare con loro l'inverno in allegria.

fine

Fiabe di Gulliver

GULLIVER